周禮疏

〔唐〕賈公彦 撰
韓 悦 解題

解題

本册目録

序　言

儒家傳統經典，相沿有「五經」「九經」「十三經」諸目。漢魏以降，因應官學博士制度，逐步形成各經與傳注的權威組合，呈現爲「經注本」的文本形態。南北朝時期，義疏之學興起，多以「經注本」爲基礎，疏通經義，兼釋注文，且備采衆説。唐朝貞觀年間，孔穎達奉命主持撰修《五經正義》，基於前人義疏，爲《周易》《尚書》《毛詩》《禮記》《左傳》編定新疏，幾經修訂，最終於永徽四年（653）頒布天下，以求達到統一經義目的。其後，唐又有賈公彦等撰《周禮疏》《儀禮疏》，徐彦撰《春秋公羊疏》（一説徐彦爲南北朝時人），楊士勛撰《春秋穀梁疏》，北宋邢昺等撰《論語正義》《孝經正義》《爾雅疏》。以上孔、賈及至邢昺等所撰諸經義疏，均與經注别行，自成一書，故後世稱其爲「單疏本」。唐代單疏本長期以寫本形式流傳，今存數種敦煌殘卷，即其孑遺。北宋國子監首次刊刻唐九經義疏，以及邢昺等撰三部新疏，南宋又覆刊北宋監本。北宋本今已無存，南宋覆刊本尚有數種傳本遺存。

單疏本獨立於經注文本，在經師記誦發達時代，經注信手拈來，本無多大問題；但是進入刊本時代，加之科舉背景之下功利化的需求，讀書苟簡，單疏本與經注本參互閲讀有所不便。故此南宋高宗以降有注疏合刻之舉，因相繼刊於越州官府，款式均爲半葉八行，後世遂統稱爲「越州本」「八行本」。其後，福建建陽書坊又興起附帶陸德明釋文的注疏合刻本，融匯經注、義疏、釋文於一書，較之經注本、單疏本和越州八行本使用更加便利，因而廣受歡迎，元、明、清時代遞相翻刻。此文本形式行款爲半葉十行，故被稱爲「十行本」。總之，南宋之後，十三經的組合方式，經、注、疏、釋文的文本結構，逐漸形成固定搭配，十三經注疏遂成爲士人閲讀的基本文獻，影響深遠。注疏合刻本通行之後，單疏本缺乏閲讀需求，漸趨湮没無聞，傳本日稀。延至清代，學人可利用的單疏本已僅限於《儀禮疏》《爾雅疏》及殘鈔本《春秋穀梁疏》。錢大昕有云：「予三十年來所見疏與注别行者，唯有《儀禮》《爾雅》兩經，皆人世稀有之物也。」陳鱣亦云：「群經之疏，本自單行，今尚存宋本有三，而皆萃於吴中。三者何？《儀禮》也，《穀梁傳》也，《爾雅》也。」阮元《十三經注疏校勘記》廣羅善本，備列異同，洵稱群經校勘的典範之作，但是所採用的單疏本仍不出上述三書，而且不乏據他人校本過録者。國内現今存世的單疏本，亦僅有南宋覆刊本《周易正義》、《春秋公羊疏》（存七卷）、《爾雅疏》，清覆刊本《儀禮疏》，以及清鈔本《春秋穀梁疏》（存七卷）。

反觀日本方面，從寫本時代起，即不斷流入中土經籍文獻，及至刊本時代，規模更盛，唐鈔宋刊不絶於書，而且歷經傳鈔，存世數量頗爲可觀。以單疏本而論，據傳世本收藏印記，鎌倉時代金澤文庫五經齊備，今公私單位仍藏有南宋刊本《尚書正義》、《毛詩正義》（存三十三卷）、《禮記正義》（存八卷），以及古鈔本《周易正義》（存十部之多）、《毛詩正義》（存四篇）、《周禮疏》、《儀禮疏》（存兩卷）、《禮記正義》（存卷五）、《春秋正義》、《春秋公羊疏》。其中，《尚書正義》、《毛詩正義》、《禮記正義》、《周禮疏》、《春秋正義》，國内不傳；《春秋公羊疏》，國内存本不全。此外，古鈔本《禮記正義》（卷五）、《毛詩正義》（四篇）源出唐寫本；《周易正義》（廣島大學藏本）或源出不傳的北宋刊本；《儀禮疏》（二卷）源出南宋刊初印本，較國内影鈔、覆刊本更佳。

　　諸經注疏合刻本與單疏本相較，由於經疏文字率爾搭配，章節分合、長短無定，而且相互遷就改易，人爲造成經典文本的混淆。錢大昕有云：「唐人五經正義，本與注别行，後人欲省兩讀，併而爲一，雖便於初學，而卷弟多失其真，不復見古書真面。」盧文弨亦云：「古來所傳經典，類非一本。陸氏所見，與賈、孔所見本不盡同。今取陸氏書附於『注疏本』中，非强彼以就此，即强此以就彼。欲省兩讀，翻致兩傷。」單疏本與注疏本大别有二：一是卷次，二是出文。單疏本撰成於卷子本時代，多據内容分卷，不太考慮篇幅的長短，而坊刻注疏本則照顧各卷篇幅的均衡，因此造成兩者卷次的差異。出文方面，單疏本獨立於經注，故引經注文字，形式多樣，或長或短；注疏本因爲經注齊備，所以疏前引經注文字，多以固定字數標起訖方式。單疏本與注疏本卷次、出文的區别，反映出從寫本形態到刊本標準化的變異。單疏本分唐鈔與宋刊系統，宋刊雖對唐鈔有所整飭，但大致保留了原本面貌。許多注疏本的文本矛盾之處，有賴於單疏本的校勘而得以揭示。此外，單疏本所據經注文字，不乏與注疏本相異之處，也具有重要的異文價值。當然，今存單疏刊本已屬南宋覆刻，鈔本又多據南宋本傳寫，輾轉傳鈔之際，不乏文字訛脱衍倒，别體俗寫，利用亦需精加鑒别。

　　近代楊守敬日本訪書，率先發掘日傳單疏本，影鈔《周易正義》、《尚書正義》、《禮記正義》、《春秋正義》，並撰寫題跋揭示其文獻價值。楊氏影鈔四經單疏本經繆荃孫歸於劉承幹，今存復旦大學圖書館。劉承幹《嘉業堂叢書》即據楊氏影鈔四經單疏本，加之借鈔日本竹添光鴻藏《毛詩正義》，國内涵芬樓藏《穀梁疏》、蔣氏密韻樓藏《春秋公羊疏》，彙刻單疏本七經併附校勘記。這是單疏本首次集中刊佈，不惟底本珍罕，所附繆荃孫等校勘記亦頗具價值。其後，日本陸續將《尚書正義》《毛詩正義》《禮記正義》《春秋正義》影印出版，商務印書館《四部叢刊》又將之收録，單疏本遂得到學界廣泛利用。

　　但是，群經單疏尤其是古鈔本的公佈出版仍存在明顯不足。日本廣島大學圖書館藏《周易正義》、京都大學圖書館藏

《周禮疏》、蓬左文庫藏《春秋公羊疏》，迄今未見出版。已經出版者，《嘉業堂叢書》據影鈔本刊刻，難免訛誤，而且統一板式、擅改文字，今日已不足重。日本影印本流傳不廣，獲取不易，黑白印刷方式也無法反映原本的豐富信息。《四部叢刊》據日本影印本覆印，與原本相去更遠。已經發佈的線上資源有限，而且存在觀覽不便、圖像質量不高問題。有鑒於此，我們決定彙編現存群經單疏古鈔本，獲取收藏單位授權高清圖像，予以彩印刊佈，力求再現古鈔本全面信息，同時附録相關敦煌殘卷參照。爲輔助開展深度研究，本叢編邀請各經專家撰寫研究性解題，並附録與存世刊本的詳盡校勘記，以及相關重要研究論文。此外，叢編還附印了日本慶應義塾圖書館新獲皇侃《論語義疏》最古寫本殘卷，以及該校附屬研究所斯道文庫藏日本文明十九年(1487)寫本《論語義疏》，並附録慶應義塾大學論語疏研究會同人的校理研究成果，據之可以思考單疏本與南北朝義疏體的關係問題。

本叢編的出版，得到了日本宮内廳書陵部、東洋文庫、蓬左文庫、京都大學附屬圖書館、慶應義塾圖書館、斯道文庫、廣島大學圖書館和國内北京大學圖書館的大力支持，高田時雄、野間文史、住吉朋彦、陳翀教授給予了無私的幫助。各經解題撰寫與校理者朱瑞澤、韓悦、杜以恒、郜同麟、李霖、郜積意、石傑、張麗娟諸同道，撥冗合作，展示了深入研究的成果。上海古籍出版社郭冲編輯是叢編的倡議者，積極參與籌劃與聯絡工作，精心編校。在此，一併表示衷心感謝。叢編或存在這樣那樣的問題，作爲主編，自然難辭其咎，請不吝批評指正。

劉玉才

二〇二四年秋於北京大學大雅堂

京都大學附屬圖書館藏舊鈔本《周禮疏》解題

韓　悦

唐代賈公彦的《周禮疏》是鄭玄注以後最具權威性的《周禮》古注，清代學者孫詒讓《周禮正義》大篇幅採用賈公彦疏，黄侃指出：「孫氏新疏仍用者，十之七八也。」〔一〕這樣一部《周禮》的權威古注，原始面貌却因單疏本的湮没而長期不爲人知。所幸，在日本京都大學保存着人間孤本《周禮疏》單疏本的日本舊鈔本。這一單疏本的存世，爲我們解決一系列學術問題提供了重要的原始依據。

1957 年日本學者加藤虎之亮《周禮經注疏音義校勘記》出版，該書的校本甚多，而最令人關注的是《周禮》單疏鈔本。這是流傳至今唯一的《周禮》單疏本。李霖、張麗娟等學者都關注這個單疏本〔二〕，但未針對該本作進一步的研究。本文即以日本京都大學附屬圖書館藏《周禮疏》單疏本爲研究對象，從其版式特徵、底本來源、著録流傳、文本結構演變及文獻學價值等方面，進行深入探討，揭示《周禮疏》的面貌和學術價值，考察《周禮疏》在《周禮》研究中的地位。

一、日本舊鈔《周禮疏》的版式特徵

日本京都大學附屬圖書館藏《周禮》單疏鈔本，殘存三十一卷（存卷一至三、卷七、卷八、卷十二至十四、卷十八至四十），唐賈公彦撰，共十五册〔三〕。

每册書衣大字題「周禮正義」，下小字標注當册卷數。扉頁亦標注當册卷數。第三册、第四册版框左上角有墨筆標注頁碼。第十一册書衣標注當册篇名。每册首卷首葉鈐有「舩橋藏書」、「京都大學圖書之印」兩方印，又有昭和二十八年 3 月 31 日京都大學附屬圖書館登録番號印。唯第一册「京都大

〔一〕黄侃《禮學略説》，《黄侃論學雜著》，中華書局上海編輯所，1964 年，第 450 頁。

〔二〕李霖《宋刊群經義疏的校刻與編印》（北京大學博士學位論文，2012 年）、《宋刊群經單疏傳本討源》（《中國經學》第十七輯，廣西師範大學出版社，2015 年）、張麗娟《宋代經書注疏刊刻研究》（北京大學出版社，2013 年）均參考加藤虎之亮的成果對日藏《周禮疏》舊鈔本的概況做了簡要介紹。李霖《南宋越刊〈易〉〈書〉〈周禮〉八行本小考》（《中國典籍與文化》2012 年第 1 期）在辨析前人推斷八行本中《周禮疏》刊刻最早的觀點時參考了單疏本的體例。張麗娟《〈周禮注疏校勘記〉「惠校本」及其他》（《文獻》2016 年第 4 期）、《八行本〈周禮疏〉不同印本的文字差異》（《圖書館雜志》2017 年第 8 期）二文均參校了單疏本文字。

〔三〕第一册卷首、卷一至二，第二册卷三，第三册卷七至八，第四册卷十二至十四，第五册卷十八至十九，第六册卷二十至二十一，第七册卷二十二至二十三，第八册卷二十四至二十五，第九册卷二十六至二十七，第十册卷二十八至二十九，第十一册卷三十至三十一，第十二册卷三十二至三十三，第十三册卷三十四至三十六，第十四册卷三十七至三十八，第十五册卷三十九至四十。

學圖書之印」和登録番號印在中書門下《牒》葉，「舩橋藏書」印在卷一首葉。卷八、卷二十六、卷二十七、卷三十八版框上偶有墨筆標注篇名，卷八、卷二十三、卷二十九版框上偶有朱筆標注篇名，卷八、卷十九、卷二十三、卷二十八、卷三十八偶有朱筆標注書名、人名等。

烏絲欄，四周單邊，白口，每半葉十行，行二十字。卷首有咸平六年中書門下牒文。卷一《天官冢宰》前有賈公彦《序》和《序周禮廢興》。卷首牒文，首行頂格題「中書門下牒」，次行低四格題「周禮正義」，第三行頂格録牒文，後有「咸平六年八月日牒」及銜名四行「給事中參知政事王」、「刑部侍郎參知政事王」、「右僕射兼門下侍郎平章事」、「司空兼門下侍郎平章事」。卷一首葉首行頂格題「周禮疏卷第一」；次行低四格題銜名「唐朝散大夫行太學博士弘文館學士臣賈公彦等撰」；第三行頂格寫賈公彦《序》，直書内容，不題「序」；第七葉八行頂格題「序周禮廢興」，空一格録内容；第十一葉二行《序周禮廢興》後空一格録疏文；卷末標注「周禮疏卷第一」。卷二首葉首行頂格題「周禮疏卷第二」；次行低四格題銜名「唐朝散大夫行太學博士弘文館學士臣賈公彦等撰」；第三行頂格録疏文；卷末標注「周禮疏卷第二」。下每卷同。

《周禮疏》避諱嚴格，殷、敬、匡、胤、恒、徵、玄、貞、桓等字闕末筆。鈔本特徵明顯：重複字用重文符號「々」或「〻」代替，録錯的字，或用墨筆寫在行間，或用墨筆（或朱筆）寫在相應的版框上方。衍文、脱文、錯文現象比較多，如《大司樂》篇「注夷則至神之」節末「生時曾事」下，單疏本有「通是」至「及平」三百十八字。該三百十八字，通行本在下文「注變猶至不失」節「順成之方，其蜡乃」下。另有數處空闕文字，如卷二十四《冢人》篇「釋曰訓公爲君者言公則諸」下有二十一行又十字空白，卷三十七《太僕》篇「注燕」下有十一字又十九行又九字空白。又多簡省字，如「禮」作「礼」、「太」作「大」、「熟」作「孰」等。

二、日本舊鈔《周禮疏》單疏本的底本問題

京都大學附屬圖書館藏《周禮》單疏鈔本是現存唯一的《周禮》單疏本，無疑具有極大的文獻價值和學術價值。但要確定其價值，其中一個重要的參考因素是其底本來源。

加藤虎之亮率先提出了這一問題，根據其通校全書過程中認定的避諱字信息，認爲日藏舊鈔單疏本的底本時代的上限是英宗時期：

> 書中殷、敬、匡、胤、恒、徵、玄、貞闕末筆，則知據英宗以後刻本。〔一〕

加藤虎之亮的成果受到後來學者的重視，如李霖博士的《宋刊

〔一〕加藤虎之亮《周禮經注疏音義校勘記》卷首《引據各本書目解説》，中西書局據 1957 年財團法人無窮會景印本影印，2016 年，第 5 頁。

群經義疏的校刻與編印》就沿用了加藤虎之亮的判斷，又根據「貞」字避諱，對底本做出兩種推測，一是南宋初年覆刻本，二是北宋本補版：

> 仁宗諱「貞」字闕末筆，知其祖本之刻成當在英宗以後，似爲南宋初年覆刻本。但也不能排除北宋本補版避諱的可能。俟考。〔一〕

李霖博士的證據没有超出加藤虎之亮，他的推測無法落實。

經過我們對日本舊鈔本的詳細考察，發現了加藤虎之亮忽略的重要證據。我們發現「桓」字闕筆有 25 處之多。日藏舊鈔單疏本現存三十一卷中，「桓」字共 49 處，其中 25 處闕末筆。闕筆的條文詳見下表：

表一　「桓」字避諱情況

1	天官冢宰敘官	桓二年左氏傳云
2	追師	又見桓二年哀伯云
3	鄉師	三家視桓楹
4	封人	此左氏桓公傳
5	春官宗伯敘官	自桓以下娶於齊
6	大宗伯	公執桓圭
7	大宗伯	雙植謂之桓
8、9	大宗伯	桓，謂若屋之桓楹
10	大宗伯	彼注四植謂之桓者
11	大宗伯	桓，宫室之象
12	大宗伯	須得桓楹乃安
13、14	大宗伯	桓圭蓋亦以桓爲瑑飾
15	大宗伯	桓圭九寸
16	司几筵	讀從桓二年臧哀伯云
17	典瑞	桓二年臧哀伯諫辭也
18	典瑞	亦如上文公執桓圭以下
19	典瑞	上文桓圭之等是
20	典瑞	無桓信躬與蒲璧之文
21	典瑞	是不爲桓信躬等之文也
22	喪祝	晉承桓叔之後
23	喪祝	桓叔本在曲沃
24	大史	還是桓十七年傳文
25	司常	桓二年臧哀伯云

這 25 處闕末筆的「桓」字，筆劃都很清晰。我們有理由認定這是避諱闕筆。

根據避諱例，「桓」字避宋欽宗趙桓名諱〔二〕。這一避諱，始自南宋初。高宗紹興二年九月十六日，時任吏部尚書兼權翰林學士沈與求上書，請求禮部商議以他字代宋欽宗御名。十一月四日，經由禮部、太常寺議定，決定改避欽宗御名〔三〕。據此可知，「桓」字至遲在紹興二年已經開始避諱。因此，我們認爲，日藏舊鈔《周禮疏》單疏本所依據的底本並非加藤虎之亮所云之「英宗以後刻本」，而是宋室南渡之後的刻本，或南渡以後刻本的過録本。

我們的另一發現是日本舊鈔《周禮疏》單疏本的底本行款，應是每行二十七字。我們的根據是鈔寫者脱文、衍文的字數。京都大學附屬圖書館藏《周禮疏》每行二十字，經過與傳世的元刊明修十行本對校〔四〕，我們發現日本鈔本在鈔寫時不乏脱文、衍文，且脱文的字數有一種情況反復出現，那就是脱二十七字：

1.《周禮正義序》「則義叔爲夏官」下，單疏本脱「是司馬

〔一〕李霖《宋刊群經義疏的校刻與編印》，北京大學博士學位論文，2012 年，第 64 頁。

〔二〕王彥坤《歷代避諱字彙典》，中華書局，2009 年，第 120 頁。

〔三〕洪擬《看詳淵聖皇帝御名改避事狀》，《全宋文》卷三〇五五，上海辭書出版社、安徽教育出版社，2006 年，第 142 册，第 80—81 頁。

〔四〕《中華再造善本》據北京市文物局藏元刻明修本影印，下同。

也，故分命仲、叔，注云：官名，蓋春爲秩宗，夏爲司馬，秋爲士，冬爲」二十七字。

2.《大宰》「大朝至玉爵」節「故云贊玉爵，云王朝」下，單疏本脱「諸侯立扆前南面者，此約司几筵知之，謂秋冬朝時。云其禮之於阼階」二十七字。

3.《司几筵》「凡喪至一几」節「言見者，以其棺不復」下，單疏本脱「見，唯見帷荒，故謂之見也。云皆謂覆之者，此解經敦字，以其二處皆當」二十七字。

4.《守祧》「守祧至藏焉」節「奄八人何以配之，明」下，單疏本脱「其義非也。云『遺衣服，大斂之餘也』者，案《士喪禮》云：小斂十九稱，不必盡」二十七字。

另發現衍文的字數也常爲二十七字：

1.《大宰》「及執事眡滌濯」節「當祭日概祭器者」下，單疏本複衍上文「之夕，視壺濯及豆籩，士卑得與人君同。少牢大夫禮，當祭日概祭器者」二十七字。

2.《司裘》「王大至其鵠」節「大射者，所以擇臣，士則」下，單疏本複衍上文「子諸侯大夫皆言争臣，士則言争友，是無臣也。大射者，所以擇臣，士則」二十七字。

3.《司服》「大喪至陳序」節「釋曰：云『奠衣服，今坐上魂衣也』者」下，單疏本複衍上文「子蓋百二十稱。注奠衣至椁中。釋曰：云『奠衣服，今坐上魂衣也』者」二十五字。又按體例，注文起訖語前後各空一格，共占二十七字。

4.《司常》「及國至載旌」節「云諸侯畫交龍，一象升」下，單疏本複衍上文「直言日月不言星者，此舉日月其實兼有星也。云『諸侯畫交龍，一象升』」二十七字。

爲什麽不約而同出現二十七字脱文、衍文呢？我們推測，這應當是日本舊鈔本鈔寫時漏鈔一行或重鈔一行造成的。由此可以推斷，日本舊鈔本所依據的底本行款爲每行二十七字。這正與清代汪士鐘藝芸書舍影刻的宋版《儀禮疏》行款相同，而汪氏所刻《儀禮疏》之底本是南宋國子監刻本，「行款版式包括刻工姓名等悉依宋本之舊」〔一〕。這一證據可以幫助我們做出這樣的推測，日藏舊鈔《周禮疏》單疏本的底本行款，與南宋國子監刻《儀禮疏》一致，都是每行二十七字。

此外，我們注意到日藏舊鈔本前有咸平六年中書門下牒和銜名，這也是國子監刻本的重要標誌。牒文落款時間爲咸平六年八月，這與《玉海》「咸平禮記疏」條記載的「六年八月，敕雕印《周禮正義》頒行」時間一致〔二〕。由此，我們可以大致推斷，日藏舊鈔本《周禮疏》的底本是南宋國子監刻本。

鑒於上述證據，我們將京都大學附屬圖書館藏《周禮疏》的底本刊刻時代由加藤虎之亮的「英宗以後」推遲至宋室南渡之後，並認爲該底本應當是南宋國子監刻本。

〔一〕張麗娟《宋代經書注疏刊刻研究》，北京大學出版社，2013年，第247頁。

〔二〕王應麟《玉海》卷三十九《咸平禮記疏》，江蘇古籍出版社據光緒九年浙江書局刊本影印，1987年，第738頁。

三、日本舊鈔《周禮疏》單疏本的著録與流傳問題

賈公彦撰《周禮疏》，僅見於唐宋時期的書目，如《舊唐書·經籍志》《新唐書·藝文志》《崇文總目》《中興館閣書目》《郡齋讀書志》《遂初堂書目》《直齋書録解題》《宋史·藝文志》等，明清諸家書目中不見著録。大約國内流傳的《周禮疏》在宋代以後便亡佚了。

《周禮疏》傳入日本時代較早，平安時代 794—1192 前期，藤原佐世(847—898)《日本國見在書目録》已著録「《周禮疏》五十卷，唐賈公彦撰」〔一〕，當時傳入日本的《周禮疏》應爲唐寫本。

而京都大學附屬圖書館藏《周禮疏》見於阿部隆一《本邦現存漢籍古寫本類所在略目録》：「《周禮疏》，單疏本，卷一—四、七、八、一二—一四、一八—四〇。[室町]寫。清原家舊藏。十五。京大。」〔二〕據此，該書爲室町時代(1336—1573)的鈔本，原爲清原家所藏。嚴紹璗《日藏漢籍善本書録》著録云：「江户時代清原業賢手寫唐賈公彦撰《周禮疏》，此本爲單疏本。作爲京都大學《清原家家學書》之一種，此本已被確認爲『日本重要文化財』。今藏於京都大學附屬圖書館。」〔三〕據此，則嚴氏認爲《周禮疏》爲江户時代清原業賢手寫。案，江户時代爲 1603—1867 年。而清原業賢生於日本明應八年(1499)，在世六十九年〔四〕，則卒於永禄十年(1567)。由此可知，早在江户時代之前三十餘年，清原業賢已經去世。故《日藏漢籍善本書録》著録時代未確，《周禮疏》的鈔寫時代應以阿部隆一説爲優。

《周禮疏》鈔寫完成後，先後收藏於清原家、船橋家。案，船橋家是清原業賢之子清原枝賢(1520—1590)的後裔，該書每册首卷卷端均鈐有「舩橋藏書」印。直至二十世紀中葉，日本國寶調查委員武内義雄博士在船橋家發現了此書，於昭和十八年(1943)編爲日本「重要文化財」。加藤虎之亮介紹此書曰：「船橋家所藏，宇宙間孤行之珍籍，爲武内義雄博士所發見，編國寶，題《周禮疏》。」〔五〕昭和二十八年，收入京都大學附屬圖書館清家文庫，該書每册首卷首葉鈐有「京都大學圖書之印」和昭和二十八年三月三十一日京都大學附屬圖書館登録番號印。嚴紹璗《日藏漢籍善本書録》在介紹京都大學附屬圖

〔一〕藤原佐世《日本國見在書目録》，《日本藏漢籍善本書志書目集成》第 10 册，北京圖書館出版社，2003 年，第 450 頁。

〔二〕阿部隆一《阿部隆一遺稿集》第一卷《宋元版篇》，日本汲古書院，1993 年，第 215 頁。原書著録存卷四，京都大學圖書館網站亦著録存卷四，核查原書無卷四，二者均著録錯誤。

〔三〕嚴紹璗《日藏漢籍善本書録·經部》，中華書局，2007 年，第 91 頁。

〔四〕參見清原家世系表，附於日本京都大學附屬圖書館清家文庫藏清原宣賢鈔本《春秋左傳集解》(存卷十一至三十)第一册末。

〔五〕加藤虎之亮《周禮經注疏音義校勘記》卷首《引據各本書目解説》，第 5 頁。

書館藏書狀況時說：「以船橋秀賢爲祖的船橋家文獻（清家文庫）、西園寺公望（陶庵文庫）、近衛文麻吕（近衛文庫）等爲基礎。」〔一〕張伯偉教授也說：「京都長期以來傳承了博士家的學問，京大附屬圖書館所藏文獻便是從清原家傳來，集中了相當多貴重的古抄本。」〔二〕《世界著名學府》叢書《京都大學》中亦介紹清家文庫主要收藏日本以儒學爲中心的清原家的日記和秘傳等，其所藏即包括《周禮疏》〔三〕。王利器先生於 1985 年 4 月 17 日參觀清家文庫，稱此書「最爲寶貴」〔四〕。

從以上的著録情況，我們可以認識到，爲數有限的接觸到《周禮疏》日本舊鈔本的學者，對該書的價值認定都是非常高的。

四、從單疏本看《周禮》注疏的結構狀態演變

單疏本疏文與經注別行，並不與《周禮》經文、鄭玄注文混合，屬於賈公彦疏文的「單行本」，與後世通行的經、注、疏、釋文合刻本呈現出不同的文本面貌。從單疏本到經注疏釋文合刻本的轉變，是中國經典文獻文本轉變過程中的一大關鍵環節。要認識這一重大轉變的實質，有賴於單疏本的傳世。即如張金吾在探討《儀禮》《穀梁》二經單疏本的價值時云：「夫合者所見之經注，未必鄭、賈所見之經注也。其字其説，乃或齟齬不合，淺學者或且妄改疏文以遷就經注，而鄭、賈所守之經注遂致不可復識。即如《儀禮》，以疏分附經注，非是本與《要義》尚存，則五十卷之卷次且不可考，奚論其他？」〔五〕「是書於傳注不録全文，止標起訖。綜其體例，大要有三。……非單疏本尚存，原書面目無從復識。」〔六〕今人汪紹楹也指出「自宋南渡以後，會合注、疏、釋文爲一書。欲省兩讀，翻致兩傷。是以經、疏文字，迴互改易。卷帙分合，繁簡無定」〔七〕。二者都指出了諸經從單疏本到經注疏合刻本發生了巨大的變化，以至於「原書面目無從復識」。而京都大學附屬圖書館藏《周禮疏》保持了賈公彦著作的原貌，是没有經過「後儒欲省兩讀，并而爲一」的本子〔八〕。通過將單疏鈔本與經注疏合刻本的比

〔一〕嚴紹璗《日藏漢籍善本書録》附録《〈書録〉著録日本藏漢籍主要文庫一覽表》，第 2077 頁。筆者按：「近衛文麻吕」，當作「近衛文麿」。

〔二〕張伯偉《日本京都大學中國文學研究室印象略記》，《讀南大中文系的人》，南京大學出版社，2014 年，第 110 頁。

〔三〕李永連《京都大學》，湖南教育出版社《世界著名學府》叢書本，1993 年，第 168—169 頁。

〔四〕王利器《日本訪學記》，《往日心痕——王利器自述》，山西人民出版社，1997 年，第 135 頁。

〔五〕張金吾《愛日精廬藏書志》卷四《儀禮疏》條，上海古籍出版社《續修四庫全書》據光緒十三年六月吴縣靈芬閣徐氏用集字版校印本影印，第 925 册，2002 年，第 272 頁。

〔六〕張金吾《愛日精廬藏書志》卷五《春秋穀梁疏》條，第 281 頁。

〔七〕汪紹楹《阮氏重刻宋本十三經注疏考》，《文史》第 3 輯，中華書局，1963 年，第 25 頁。

〔八〕錢大昕《潛研堂文集》卷二七《跋爾雅疏單行本》，上海古籍出版社《續修四庫全書》據清嘉慶十一年刻本影印，第 1439 册，2002 年，第 5 頁。

較，可以發現《周禮》一書在卷次分合、體例等方面的文本流變。

（一）卷次分合問題

傳世的經注疏合刻本《周禮注疏》的分卷，與歷史上文獻記載中賈公彦《周禮疏》分卷不同。《舊唐書》本傳云：「賈公彦，洺州永年人，永徽中官至太學博士，撰《周禮義疏》五十卷。」〔一〕《舊唐書·經籍志》《新唐書·藝文志》《崇文總目》《中興館閣書目》《直齋書録解題》《宋史·藝文志》亦著録《周禮疏》爲五十卷。傳世的經注疏合刻本《周禮注疏》分卷情況主要有二種：一是經、注、疏合刻的宋兩浙東路茶鹽司刻宋元遞修本〔二〕，五十卷；一是經、注、疏、釋文合刻的元刊明修十行本、明嘉靖應檟刻本、明嘉靖李元陽刻本、明萬曆北京國子監刻本、明崇禎毛氏汲古閣刻本、清乾隆武英殿刻本、清《四庫全書》鈔本、清《四庫全書薈要》鈔本、清嘉慶阮元刻本，均爲四十二卷。由此可知，八行本保持了單疏本五十卷，十行本以下各本對單疏本的卷次進行了改易，已失賈《疏》原貌。

《周禮》卷數的不同，前人早已注意到，並有所探討。晁公武《郡齋讀書志》（衢州本）著録爲十二卷，云：「史稱著此書四十卷，今併爲十二卷。」〔三〕晁公武所見《周禮疏》爲十二卷，是據「四十卷本」合併而成。《四庫提要》亦有分析：「鄭《注》，《隋志》作十二卷。賈《疏》文繁，乃析爲五十卷。新、舊《唐志》並同。今本四十二卷，不知何人所併。」〔四〕四庫館臣認爲後世通行的經注疏釋文合刻本《周禮注疏》四十二卷，是由五十卷合併而成。孫猛《郡齋讀書志校證》云：「賈公彦《周禮疏》，兩《唐志》、《崇文總目》卷一、《書録解題》卷二、《宋志》卷一俱作五十卷。自宋時合經注、疏爲一書，編成四十二卷，至今不改。獨公武謂所見賈《疏》爲十二卷，且云『史稱著此書四十卷』，疑此『四十卷』乃『五十卷』之誤。」〔五〕孫氏根據各家書目著録，認爲晁公武著録「四十卷」是「五十卷」之誤，晁氏所見本實爲據五十卷本合併而成；並指出注疏合刻本爲四十二卷至今未改，僅有晁公武見過十二卷本。然而，因晁公武、四庫館臣和孫猛均未見單疏本原貌，「合併而成」説只是一種推測。今人張麗娟在研究宋代諸經單疏本時亦注意到：「後世通行本卷數與前代著録卷數參差不合的現象，源自注疏合刻過程中對單疏本卷次的改易。前人因不見單疏本，故對此現象曾多所

〔一〕劉昫《舊唐書》卷一八九《賈公彦傳》，中華書局，1975 年，第 4950 頁。
〔二〕又稱八行本，《中華再造善本》據中國國家圖書館藏宋兩浙東路茶鹽司刻宋元遞修本影印。
〔三〕晁公武撰、孫猛校證《郡齋讀書志校證》卷二，上海古籍出版社，1990 年，第 75 頁。袁州本著録爲四十卷，云「著《周禮疏》四十卷，今併爲十二卷」，據《郡齋讀書志》卷一上，《四部叢刊》三編據北平故宫博物院圖書館藏宋淳祐袁州刊本影印，第 20 頁 b。
〔四〕紀昀等《四庫全書總目》卷一九，中華書局據浙江本影印，1965 年，第 149 頁。
〔五〕晁公武撰、孫猛校證《郡齋讀書志校證》卷二，第 75 頁。

猜測。」[一]

京都大學附屬圖書館藏《周禮疏》殘存三十一卷，内容至《大司寇》止，可知其現存卷四十後仍有闕文。我們把單疏本與五十卷的八行本、四十二卷的十行本的分卷情況列爲表二：

表二 單疏本、八行本、十行本卷次分合對比

卷次	單疏本	八行本	十行本
卷一	天官冢宰敘官	天官冢宰敘官	天官冢宰敘官
卷二	大宰	大宰	大宰
卷三	小宰—宫伯	小宰—宫伯	小宰—宫伯
卷四	闕	膳夫—腊人	膳夫—腊人
卷五	闕	醫師—籩人	醫師—籩人
卷六	闕	醢人—司會	醢人—司會
卷七	司書—内豎	司書—内豎	司書—九嬪
卷八	九嬪—夏采	九嬪—夏采	世婦—夏采
卷九	闕	地官司徒敘官、大司徒	地官司徒敘官
卷一〇	闕	大司徒	大司徒
卷一一	闕	小司徒	小司徒、鄉師
卷一二	鄉師—黨正	鄉師—黨正	鄉大夫—舞師
卷一三	族師—充人	族師—充人	牧人—遺人
卷一四	載師—均人	載師—均人	均人—司市
卷一五	闕	師氏—司市	質人—鄰長
卷一六	闕	質人—鄙師	旅師—稾人
卷一七	闕	酇長—稾人	春官宗伯敘官
卷一八	春官宗伯敘官、大宗伯（至「故不得入宗也」）	春官宗伯敘官、大宗伯（至「故不得入宗也」）	大宗伯
卷一九	大宗伯（至「故此言無也」）	大宗伯（至「故此言無也」）	小宗伯—鬯人

續表

卷次	單疏本	八行本	十行本
卷二〇	大宗伯、小宗伯（至「據姓而言之」）	大宗伯、小宗伯（至「據姓而言之」）	雞人—典瑞
卷二一	小宗伯—雞人	小宗伯—雞人	典命—外宗
卷二二	司尊彝—典瑞（至「據大司徒而言耳」）	司尊彝—典瑞（至「據大司徒而言耳」）	冢人—大司樂
卷二三	典瑞—司服（至「義與此同也」）	典瑞—司服（至「義與此同也」）	樂師—典同
卷二四	司服—職喪	司服—職喪	磬師—籥人
卷二五	大司樂	大司樂	占夢—小祝
卷二六	樂師—大師	樂師—大師	喪祝—外史
卷二七	小師—司干	小師—司干	御史—神仕
卷二八	大卜—眡祲	大卜—眡祲	夏官司馬敘官
卷二九	大祝、小祝	大祝、小祝	大司馬
卷三〇	喪祝—馮相氏	喪祝—馮相氏	小司馬—掌畜
卷三一	保章氏—巾車（至「明羽蓋所以翳日可知也」）	保章氏—巾車（至「明羽蓋所以翳日可知也」）	司士—隸僕
卷三二	巾車—神仕	巾車—神仕	弁師—馭夫
卷三三	夏官司馬敘官、大司馬（至「故連言之也」）	夏官司馬敘官、大司馬（至「故連言之也」）	校人—家司馬
卷三四	大司馬—行司馬（闕）	大司馬—行司馬（闕）	秋官司寇敘官、大司寇
卷三五	司勳—挈壺氏	司勳—挈壺氏	小司寇—司民
卷三六	射人—司右	射人—司右	司刑—司烜氏
卷三七	虎賁氏—司戈盾	虎賁氏—司戈盾	條狼氏—小行人
卷三八	司弓矢—圉人	司弓矢—圉人	司儀—家士（闕）

[一] 張麗娟《宋代經書注疏刊刻研究》，第 269 頁。

續表

卷次	單疏本	八行本	十行本
卷三九	職方氏—家司馬	職方氏—家司馬	冬官考工記敘官—輿人
卷四〇	秋官司寇敘官、大司寇	秋官司寇敘官、大司寇	輈人—㡛氏
卷四一	闕	小司寇—訝士	玉人—匠人
卷四二	闕	朝士—貉隸	匠人—弓人
卷四三	闕	布憲—伊耆氏	
卷四四	闕	大行人、小行人	
卷四五	闕	司儀—家士（闕）	
卷四六	闕	冬官考工記敘官—輿人	
卷四七	闕	輈人—㡛氏	
卷四八	闕	玉人—廬人	
卷四九	闕	匠人	
卷五〇	闕	車人、弓人	

由上表可推知，殘存的單疏本《周禮疏》與八行本卷數、分卷情況均相同。尤其是《大宗伯》《小宗伯》《典瑞》《司服》《巾車》《大司馬》六篇所在卷次的分合也完全一致，足可證八行本在合經、注、疏爲一書時以單疏本爲準。

由此，可大致瞭解通行的經注疏合刻本對單疏本卷次的改易過程：早期的經注疏合刻本（八行本）保留了賈《疏》的卷數和卷次。經注疏釋文合刻的十行本合併爲四十二卷。正是因爲有了日本舊鈔本《周禮疏》單疏本實物，才可證明三點結論：第一，《舊唐書》本傳和各書目著録無誤。第二，八行本分卷沿用了單疏本。第三，四庫館臣「四十二卷是合併而成」的推測是可信的。同時，也可以發現孫猛推測「自宋時合經注、疏爲一書，編成四十二卷」並不準確。宋人合經注疏爲一書，存在兩個分卷方案：一是八行本，沿用單疏本五十卷的分卷辦法；二是十行本，合併爲四十二卷。後來重刻《周禮注疏》，基本沿用了十行本的分卷格局。

（二）文本結構的演變問題

經注疏釋文合刻本將經注本的經文、注文和單疏本的疏文以及陸德明釋文合刻在一起，便於閱讀。但在合刻過程中，爲了使四者内容照應、體例統一，離析了經、注、疏的原本面貌，導致經注疏釋文合刻本與單疏本面貌不一。

《周禮》單疏本的體例爲「經文起訖語＋經文之疏＋注文起訖語＋注文之疏」。模式：先録經文起訖語，接經文之疏，再録注文起訖語，接注文之疏。起訖語與疏文間用一至二字空白隔開。每節後以一至二字空白隔開。經文起訖語無標識。注文起訖語冠以「注」字。疏文均以「釋曰」開頭。如經文無疏，則先列經文起訖語，再列注文起訖語，後録注文之疏。

經、注、疏合刻的八行本的體例爲「經＋經文之疏＋注＋注文之疏」。模式：經文單行大字，注文、疏文雙行小字。先列經文，接經文之疏，再録注文，接注文之疏。經文與經文之疏間無標識。經文之疏與注文間用單行大字「注」爲標識。注文與注文之疏間用一字空白隔開。經文之疏、注文之疏皆以「釋曰」開頭。

經、注、疏、釋文合刻的十行本的體例爲「經＋注＋釋文＋經文起訖語＋經文之疏＋注文起訖語＋注文之疏」。模式：經文單行大字，注文、釋文、疏文雙行小字。先列經文，後接注文、釋文，再依次録經文起訖語、經文之疏、注文起訖語、注文之疏。經文與注文間無標識。注文與釋文間用○隔開。釋文與經文起訖語間用單行大字「疏」爲標識。經文起訖語與經文之疏、注文起訖語與注文之疏，中間均用○隔開。經文之疏、注文之疏皆以「釋曰」開頭。

應當特別注意的是，八行本的經、注、疏綴合模式是以單疏本爲主，將經文、注文插入疏文[一]。换言之，即將單疏本的經文起訖語替换爲經文全文，注文起訖語替换爲注文全文，屬於補全單疏本經文、注文性質。十行本的經、注、疏、釋文綴合模式是以經注釋文本爲主，先將疏文分節，再插入相應的經注釋文後，屬於拆分單疏本性質。

在十行本這一拆分、插入過程中，偶爾會有分節失誤的情況，如將一節疏文拆分爲兩節，或將兩節疏文合併爲一節。如《内宗》篇經文「賓客之饗食，亦如之。王后有事，則從。大喪，序哭者。哭諸侯亦如之。凡卿大夫之喪，掌其吊臨」。單疏本的疏文是：

賓客至如之。釋曰：饗食賓客俱在廟……故云亦如之。

王后有事則從。釋曰：内宗於后有事皆從，故於此總結之也。

大喪序哭者。注次序至哭王。釋曰：知次序外内宗者……故序哭中有命婦也。

哭諸侯亦如之。釋曰：此諸侯來朝……婦人無外事故也。

凡卿至吊臨。注王后至夫云。釋曰：云「王后吊臨諸侯而已，是以言掌卿大夫云」者……諸侯臣少故也。

十行本改易之後的面貌是：

賓客至如之○釋曰：饗食賓客俱在廟……故云亦如之。○王后有事則從○釋曰：内宗於后有事皆從，故以

[一] 阮元《禮記注疏校勘記序》云：「蓋以單行正義爲主，而以經注分置之，此紹興初年所爲，非如『兼義』『注疏』之以經注爲主而以疏附之。」參見《十三經注疏校勘記》，上海古籍出版社《續修四庫全書》據清嘉慶文選樓刻本影印，第181册，第558頁。昌彼得先生撰有《跋宋浙東茶鹽司本〈周禮注疏〉》，討論八行本《周禮》之體例，認爲八行本較之單疏本的變化在於「依通行之單疏本而補入經注全文」。又將八行本《周禮》與八行本《易》《書》的體例進行對比，認爲這一體例變化可證日本學者何右司正「周禮疏萃刻最早」的觀點。參見氏著《版本目録學論叢（第一輯）》，學海出版社，1977年，第248—249頁。李霖又有《南宋越刊〈易〉〈書〉〈周禮〉八行本小考》，認爲諸經八行本的經注疏綴合無不以單疏爲基礎，只是《周禮》單疏的體例本來就比較特殊，使得其注疏彙編本的面貌與衆不同。參見《中國典籍與文化》2012年第1期，第156頁。

此總結之也◯注次序至哭王◯釋曰：知次序外內宗者……故序哭中有命婦也。

哭諸侯亦如之◯釋曰：此諸侯來朝……婦人無外事故也◯注王后至夫云◯釋曰：云「王后吊臨諸侯而已，是以言掌卿大夫云」者……諸侯臣少故也。

值得注意的是，單疏本在解釋經注時，對疏文的分節根據是經文，按照經文內容分節。如上例，單疏本按照經文內容，分爲「賓客之饗食，亦如之」、「王后有事，則從」、「大喪，序哭者」、「哭諸侯亦如之」、「凡卿大夫之喪，掌其吊臨」五節。而十行本的分節依據是注文，兩處注文之間爲一節，不考慮經文內容的連貫性。如十行本將「賓客之饗食，亦如之。王后有事，則從。大喪，序哭者」分爲一節，將「哭諸侯亦如之。凡卿大夫之喪，掌其吊臨」分爲一節。兩節後分別跟着注文，但是注文只解釋最後一句經文「大喪，序哭者」和「凡卿大夫之喪，掌其吊臨」。沒有考慮到「賓客之饗食，亦如之」和「哭諸侯亦如之」的兩個「如之」所指代的內容。

此外，十行本將疏文拆分插入經注釋文本，爲了在體例上規範一致，對單疏本已有的起訖語不得不作改易[一]。現以《天官冢宰·敘官》和《大宰》兩篇爲例，比較單疏本和十行本起訖語的差異。《天官冢宰·敘官》篇共有起訖語101條，十行本沿用者46條，經過改易者55條。詳見表三：

表三 《天官冢宰·敘官》單疏本、十行本起訖語對比表

	單疏本	十行本		單疏本	十行本
	惟王建國	同	25	注舍行所解止之處	注舍行至之處
	注建立至國焉	同	26	幕人	幕人至十人
	辨方正位	同		注幕帷覆上者	同
	注辨別至宮廟	同	27	掌次	掌次至十人
	體國經野	同		注次自脩正之處	注次自脩止之處
1	注體猶至之屬	注體猶至是也	28	大府	大府至十人
	設官分職	同		注大府至農矣	同
	注鄭司農至事舉	同	29	玉府	玉府至八人
	以爲民極	同		注工能攻玉者	同
2	注極中至其所	注極中也至其所		內府	同
	乃立至邦國	同	30	外府	外府至十人
	注掌主至宰也	同	31	注外府至泉藏在外者	注外府至外者
3	治官至有二人	治官至二人	32	司會	司會至十人
	注變冢至爲差	同		注會大至尚書	同
4	府六人史十有二人	府至二人	33	司書 注司書主計會之簿書	主司書至簿書
5	注府治至辟除	注府治至除	34	職內	職內至十人
6	胥十有二人徒百有二十人	胥十至十人	35	注若今之泉所入謂之少內	注若今至少內
	注此民至什長	同		職歲	同
7	宮正	宮正至十人		職幣	同

[一] 上引張金吾已指出「《春秋穀梁疏》或標某某至某某，或標某某云云，或竟標傳注全文一二句。注疏本欲歸一例，俱改作某某至某某」。參見《愛日精廬藏書志》卷五《春秋穀梁疏》條，第281頁。

續表

	單疏本	十行本		單疏本	十行本
8	膳夫　注膳之至膳夫	注膳之至膳夫		司裘	同
9	庖人　注庖之至物賈	注庖之至物賈		掌皮	同
10	内饔　注饔割亨至在内	注饔割至在内	36	内宰	内宰至十人
11	外饔　注外饔至在外	注外饔所主在外	37	注内宰宫中官之長	注内宰至之長
12	亨人　注主爲外内饔煮肉者	注主爲至肉者	38	内小臣	内小至八人
13	甸師　注郊外至之長	注郊外至之長		注奄稱士者異其賢	同
	獸人	同	39	閽人	閽人至如之
	𩾃人	同	40	注閽人至離宫	注閽人至宫也
	鼈人	同	41	寺人	寺人至五人
	腊人	同	42	注寺之言侍也至路寢	注寺之至路寢
	醫師	同	43	内豎	内豎至之數
	食醫	同	44	注豎未冠者之官名	注豎未至官名
	疾醫	闕		九嬪	同
	瘍醫	闕	45	注嬪婦至官職	注嬪婦也至官職
	注瘍創癰也	闕	46	世婦　注不言至則闕	注不言至則闕
14	獸醫　注獸牛馬之屬	闕	47	女御　注昏義所謂御妻	注昏義至侍也
15	酒正	闕	48	女祝	女祝至八人
16	注酒正云	闕		注女祝至事者	同
17	酒人	闕		女史	同

續表

	單疏本	十行本		單疏本	十行本
18	注奄精氣閉藏至宦女	闕	49	典婦功	典婦
	漿人	同	50	典絲	無
19	凌人	凌人至十人		典枲	同
	注凌冰至凌陰	同	51	内司服	内司至八人
20	籩人	籩人至十人		注内司服至色過	同
21	注竹曰籩至曉籩者	注竹曰至籩者	52	縫人	縫人至十人
22	醢人	醢人至十人		染人	同
23	注醢豆醢者	注醢豆至醢者	53	追師	追師至四人
	醯人	同	54	注云追治玉石之名	注治玉石之名
	鹽人	同		屨人	同
	冪人	同	55	夏采	夏采至四人
	宫人	同		注夏采至夏采	同
24	掌舍	掌舍至十人			

《大宰》篇共有起訖語56條，十行本沿用者41條，經過改易者15條。詳見表四：

表四　《大宰》單疏本、十行本起訖語對比表

	單疏本	十行本		單疏本	十行本
1	大宰至万民	大宰至以生萬民		凡治至之治	同
2	注大曰邦至邦事	注大曰至掌邦事	9	注成八成至礼也	注成八至禮也
3	以八法至邦治	以八至邦治		祀五至具脩	同
	注百官至之治	同		注祀五至糞洒	同

續表

	單疏本	十行本		單疏本	十行本
4	以八則至其衆	以八至其衆		前期至遂戒	同
	注都之至學士	同		注前期至始齊	同
	以八柄至其過	同	10	及執至滌濯濯	及執事眡滌濯
5	注柄所至於	注柄所至於善		及納至牲事	同
6	以八統詔王馭萬民	以八統至禮賓	11	注云納亨至贊之	注納亨至贊之
	注統所至善鄰	同		及祀至之事	同
7	以九至執事	以九職至執事		注日旦至授之	同
	注任猶至曰饉	同		祀大至如之	同
	以九至之賦	同	12	注大神至天地	注大神祇謂天地
	注財泉至異也	同		享先至玉爵	同
	以九至之式	同		注玉几至玉爵	同
	注式謂至賜予	同		大朝至玉爵	同
	以九貢至物貢	同	13	注助王至阼階上	注助王至階上
	注嬪故至橘柚	同		大喪至含玉	同
	以九至得民	同		注助王至璧琮	同
	注兩猶至材物	同		作大至王命	同
	正月至斂之	同		注助王至與戎	同
	注正月至十日	同	14	王眡至聽治　注治朝至平斷	注治朝至平斷
8	乃施典邦國至其輔	乃施至其輔		注謂王至外時	同
	注乃者至官者	同		凡邦至聽之	同
	乃施至其輔	同		注正正至計也	同
	注長謂至兩丞	同		聽其至廢置	同
	乃施至其輔	同		三歲至賞之	同
	注正謂至其考	同	15	注鄭司農云三載考績	注鄭司至考績

就上表開列的這兩篇而言，起訖語改易率達到44.6%。可見十行本在拆分疏文插入經注釋文本過程中對單疏本原有的起訖語改動甚多。

單疏本起訖語形式多樣：有照録全句者，如「惟王建國」、「府六人史十有二人」；有摘録開頭和末尾數字者，如「注建立至國焉」，選取起訖字時偶爾會注意文義的完整，不强求字數的統一，如「治官至有二人」、「以八法至邦治」；有僅録官名者，如「宫正」、「内小臣」，這種情況一般出現在《敘官》中。

十行本保留了上述三種形式的起訖語，但對其體例做了改動。改動的辦法：一是統一字數，將較長的起訖語改作「某某至某某」，如「胥十有二人徒百有二十人」改爲「胥十至十人」，「以八法至邦治」改爲「以八至邦治」。一是對僅録官名的起訖語，有的改爲「某某至某某」，如「宫正」改爲「宫正至十人」；也有僅取官名二字者，如「内小臣」改爲「内小」。由此大概可以推測十行本對起訖語的改動原則是：字數少於六字者保留原文，字數多於六字者改爲摘取開頭、末尾各二字。然而，在實際改易過程中，十行本亦有改易單疏本符合十行本體例的起訖語之例，如將「注極中至其所」改爲「注極中也至其所」，將「注府治至辟除」改爲「注府治至除」等。另外，值得注意的是，單疏本有「如經文無疏，則先列經文起訖語，再列注文起訖語，後録注文之疏」者。其中，經文起訖語的作用在於提示該段注疏在某段經文下。在十行本中，由於經注釋文齊全，注文起訖語及注文之疏置於相應的經文、注文之下，無需再提示經文位置，故而疏文中删去經文起訖語。

總之，從十行本《周禮注疏》已難以看到賈公彦《周禮疏》的結構狀態了，只有日本舊鈔《周禮疏》單疏本才可以表現賈公彦的原貌，而只有這個單疏本才可以證明，八行本也同樣保存了賈公彦疏文的原貌。

五、日本舊鈔本《周禮疏》單疏本的學術價值

京都大學附屬圖書館藏《周禮疏》單疏鈔本，是賈公彦《周禮疏》單疏本傳世孤本，具有非常重要的學術價值，具體表現在四個方面。

（一）有助於確認賈公彦非奉敕作疏

《周禮疏》的作者是賈公彦早成定論，然而賈公彦著書是個人行爲還是奉唐高宗敕命而爲仍是一個疑問。個人行爲説來源於八行本卷端銜名，題「唐朝散大夫行太學博士弘文館學士臣賈公彦等撰」；奉唐高宗敕命説來源於十行本卷端銜名，題「唐朝散大夫行太學博士弘文館學士臣賈公彦等奉敕撰」。雖有學者認爲《周禮疏》並非奉敕而作，如馬宗霍《中國經學史》認爲「其繼《五經正義》而作者，有賈公彦《周禮》《儀禮》義疏，並宗鄭注……然此四經疏，雖非奉敕而作」[一]，孫欽善《中國古文獻學史》亦稱「舊題『賈公彦等奉敕撰』，不知何據，恐有誤」[二]，但前者没有提出「非奉敕而作」的有力證明，後者更只是猜測奉敕説有誤。直至京都大學附屬圖書館藏《周禮疏》面世，卷端銜名題「唐朝散大夫行太學博士弘文館學士臣賈公彦等撰」，與八行本一樣無「奉敕」字樣，可確證賈公彦著《周禮疏》是個人行爲，十行本加上「奉敕」二字是對古書的篡改。

（二）有助於探索賈公彦疏所據經文、注文的文字面貌

按照單疏本的體例，疏文前有相應的經、注文起訖語。起訖語或鈔録經、注原文，或摘取經、注文前後各幾字，可以從中看出賈公彦所用經注本的注文與後世通行本的文字差異。如：

1.《天官冢宰・敘官》篇「注體猶至是也」，單疏本作「注體猶至之屬」。八行本、十行本注文皆作「四井爲邑之屬是也」。由此可知，賈疏所用經注本「之屬」下或無「是也」二字。

2.《春官宗伯・敘官》篇「注彝亦至法也」，單疏本作「注彝亦至法正」。八行本、十行本注文皆作「言爲尊之法也」。由此可知，賈疏所用經注本「也」作「正」。案，據彭林整理《周禮

[一] 馬宗霍《中國經學史》，上海書店出版社，1990年，第96頁。
[二] 孫欽善《中國古文獻學史》，中華書局，2015年，第392頁。

注疏》校勘記，明嘉靖徐氏覆宋本作「正」[一]，與賈公彦所見本同。孫詒讓《周禮正義》注文亦作「正」，並解釋説：「正，各本並作『也』。賈疏云：『祭宗廟，在室先陳，後乃向外陳齊酒之尊，以彝爲法，故名此鬱鬯曰彝也。是以鄭云言爲尊之法也。』案：據疏，似賈所見本亦作『法也』。嘉靖本作『法正』，疑誤。」[二]由此可知，孫詒讓也認爲疏文的起訖語可以起到校勘經、注文的作用。可惜孫氏所用賈疏爲阮校宋十行本[三]，没有見到賈公彦疏文的原貌，故而得出「似賈所見本亦作『法也』」的錯誤結論。

（三）能够據以訂正傳世版本的訛誤

京都大學附屬圖書館藏《周禮》單疏鈔本是現存最接近賈公彦原疏的文本，單疏本的用字保留了賈疏最原始的文本面貌，爲後世注疏本的疏文校勘提供了依據，可以訂正後世注疏本流傳過程中産生的錯誤。如：

1.《司几筵》篇「孔注《顧命》，其置竟户牖間」。「置」下單疏本無「竟」字，八行、十行、閩、監、毛、殿、阮諸本皆有。此句釋注文「斧謂之黼……依其制如屏風然」，云「屏風之名，出於漢世，鄭以今曉古，故舉屏風而爲況也」，並舉孔安國注《顧命》釋屏風放置位置。「户牖間」後釋「竟」曰「終也」，諸本作「置竟户牖間」，於上下文義不合。核《尚書·顧命》，孔注云：「扆，屏風，畫爲斧文，置户牖間。」單疏本引作「置户牖間」，正與《顧命》孔注合。又武英殿本《尚書注疏》附《考證》云：「臣召南按：《周禮·司几筵》賈公彦疏引此注曰『其置竟户牖間』，似賈所見本『置』上有『其』字，下有『竟』字。」[四]阮元《校勘記》亦沿用齊召南之語[五]。齊氏正是因爲没有見過單疏本，才會認爲賈氏所見本「置」下有「竟」字，阮元亦未曾見單疏本，故而延續齊氏之誤。

2.《内史》篇「國即句考其政事及會計」。「即」上單疏本無「國」字，八行、十行、閩、監、毛、阮諸本皆有「國」字，殿本有「因」字。此釋經文「執國法及國令之貳，以考政事，以逆會計」，云「國令，謂若凡國之政令，故亦掌其貳，國即句考其政事及會計，以知得失善惡而誅賞也」。「貳」，《説文》云「副、益也」。此句疏文義爲内史掌握國家政令之副，考察「政事」和「會計」兩個方面，並由這兩個方面的得失善惡來決定給予獎賞或懲罰。「即句考」句解釋上文「亦掌其貳」的目的，諸本上有「國」或「因」字，於上下文義不合，當據單疏本删。孫詒讓

[一] 鄭玄注、賈公彦疏、彭林整理《周禮注疏》卷十八附《校勘記》，上海古籍出版社，2010年，第652頁。
[二] 孫詒讓《周禮正義》卷三十二，中華書局《孫詒讓全集》本，2015年，第1505頁。
[三] 孫詒讓《周禮正義》卷首《周禮正義略例十二凡》，第8頁。
[四]《尚書注疏卷十七考證》，清乾隆四年武英殿刻本，第3頁a。
[五] 阮元《尚書注疏》卷十八附《校勘記》，中華書局影印清嘉慶刊南昌府學《十三經注疏》本，2009年，第515頁。

《十三經注疏校記》云：「『國即』，當作『因即』。」〔一〕孫氏已經意識到「國」字錯誤，惜其未見單疏本，誤認爲「國」字當作「因」字，似形近致訛。加藤虎之亮《周禮經注疏音義校勘記》亦認爲：「疏本無『國』，是也。」〔二〕

（四）可以爲各本文字分歧提供早期的判斷佐證

單疏本面貌原始，可以爲後世注疏本的異文分歧提供早期佐證，有利於判斷版本源流。如：

1.《大宰》篇「『詰猶禁也』者，弟詰即禁止之義也」。「弟」，單疏、八行、殿本作「窮」，十行、閩、阮本作「弟」，監、毛本作「第」。此句釋注文「詰猶禁也」，解釋的是經文「以詰邦國」的「詰」字，將之進一步解釋爲「禁止之義」。據孫詒讓《周禮正義》：《說文》釋「詰」爲「問」，引申爲訶禁，《廣雅》釋「詰」爲「責」，與「禁」意相成〔三〕。「窮」，《說文》云「極也」，修飾表「禁止」義的「詰」字，在文義上講得通。加藤虎之亮認爲當據《貞觀政要》作「窮」，「案：《貞觀政要》亦有『對面窮詰』之語，當據正」〔四〕，彭林整理《周禮注疏》亦認爲「疑作『窮』是」〔五〕。「弟」，《說文》云「韋束之次第也」，意即「次序」，似與上下文義不合。「第」意義與「弟」相同，亦不合。單疏本正作「窮」，與八行、殿本同，可證早期版本即作「窮」，十行本、閩本誤改爲「弟」，監、毛本又誤爲「第」。由此可見，八行本接近單疏本，清乾隆武英殿本又接近八行本，十分可貴。

2.《小宰》篇「杜子春引讀爲施者」。「杜子春」上單疏、八行本有「云」字，十行、閩、監、毛、殿、阮諸本均無；「引」，單疏、八行本作「弛」，殿作「㢮」，十行、閩、監、毛、阮諸本均作「引」。此釋注文「杜子春弛讀爲施」，按照疏文體例，解釋經、注文時常以「云『……』者」開頭，如上下文「云『以官府之六聯合邦治』者」、「云『奉牲者，其司空奉豕與』者」等，故「杜子春」上當有「云」字。單疏本正有「云」字，與八行本同。又，注文作「杜子春弛讀爲施」，疏文中「引」字亦當據注文作「弛」，浦鏜亦云「『㢮』誤『引』」〔六〕。案「㢮」、「弛」異體字，阮元《校勘記》引浦鏜語正作「浦鏜云『弛』誤『引』」〔七〕。單疏本正作「弛」，與八行本、殿本同。由此可見，只有八行本、殿本與單疏本同作「弛」字。同時也可見浦鏜《正字》理校的高明。没有單疏本，這些判斷都不能如此明確。因此，日本舊鈔單疏本在文字校勘方面確實具有很高的價值。

〔一〕孫詒讓《十三經注疏校記·周禮注疏校記》，中華書局《孫詒讓全集》本，2009年，第203頁。
〔二〕加藤虎之亮《周禮經注疏音義校勘記》卷二十六，下册，第30頁。
〔三〕孫詒讓《周禮正義》卷二，第75頁。
〔四〕加藤虎之亮《周禮經注疏音義校勘記》卷二，上册，第37頁。
〔五〕鄭玄注，賈公彦疏，彭林整理《周禮注疏》卷二附《校勘記》，第69頁。
〔六〕浦鏜《十三經注疏正字》卷二三，臺灣商務印書館《景印文淵閣四庫全書》本，2008年，第192册，第301頁。
〔七〕阮元《周禮注疏校勘記》卷三，中華書局影印清嘉慶刊南昌府學《十三經注疏》本，2009年，第1417頁。

綜上所述，京都大學附屬圖書館藏《周禮疏》是流傳於今的唯一的《周禮》單疏本。這一珍貴鈔本所根據的底本，應刊刻在宋室南渡之後，有可能是南宋國子監本。接觸過這一鈔本的學者對該書的價值認定都非常高。通過該本，我們可以得知從《周禮疏》單疏本到《周禮注疏》經注疏釋文合刻本的文本轉變過程。日藏舊鈔本《周禮疏》保存賈公彥《周禮疏》的原貌，有助於確認賈公彥非奉敕作疏，有助於探索賈公彥疏所據經注文的文字面貌，可據以訂正傳世版本的訛誤，爲各本文字分歧提供早期的判斷佐證，具有極爲重要的學術價值。

（本文原載《文史》2018年第2期，原題作《日本京都大學藏〈周禮疏〉單疏舊鈔本探論》）

圖書在版編目(CIP)數據

周禮疏 / (唐) 賈公彦撰 ; 韓悦解題. -- 上海 : 上海古籍出版社, 2024. 12. --(群經單疏古鈔本叢刊 / 劉玉才主編). -- ISBN 978-7-5732-1354-9

Ⅰ. K224.06

中國國家版本館 CIP 數據核字第 2024YZ6973 號

本書圖版原書藏日本京都大學附屬圖書館

責任編輯:郭　沖
美術編輯:阮　娟
技術編輯:耿瑩禕

群經單疏古鈔本叢刊
劉玉才 主編
周禮疏(全五册)
[唐]賈公彦 撰
韓　悦 解題

上海古籍出版社出版發行
(上海市閔行區號景路 159 弄 1-5 號 A 座 5F　郵政編碼 201101)
(1) 網址: www.guji.com.cn
(2) E-mail: guji1@guji.com.cn
(3) 易文網網址: www.ewen.co

上海雅昌藝術印刷有限公司印刷

開本 889×1194　1/16　印張 124.75　插頁 16　字數 34,000
2024 年 12 月第 1 版　2024 年 12 月第 1 次印刷
ISBN 978-7-5732-1354-9/K・3715
定價: 2300.00 圓